上海市工程建设规范

出租汽车站点设置标准

Standards for setting up taxi rank

DG/TJ 08—2108—2023
J 12105—2023

主编单位:上海城市交通设计院有限公司
批准部门:上海市住房和城乡建设管理委员会
施行日期:2023 年 11 月 1 日

同济大学出版社

2023 上海

图书在版编目(CIP)数据

出租汽车站点设置标准/上海城市交通设计院有限公司主编. —上海:同济大学出版社，2023.9

ISBN 978-7-5765-0048-6

Ⅰ. ①出… Ⅱ. ①上… Ⅲ. ①出租汽车—汽车站—设计—标准 Ⅳ. ①U492.1-65

中国国家版本馆 CIP 数据核字(2023)第 169354 号

出租汽车站点设置标准

上海城市交通设计院有限公司 **主编**

责任编辑 朱 勇
责任校对 徐春莲
封面设计 陈益平

出版发行 同济大学出版社 www.tongjipress.com.cn
(地址:上海市四平路 1239 号 邮编:200092 电话:021-65985622)
经 销 全国各地新华书店
印 刷 浦江求真印务有限公司
开 本 889mm×1194mm 1/32
印 张 2
字 数 54 000
版 次 2023 年 9 月第 1 版
印 次 2023 年 9 月第 1 次印刷
书 号 ISBN 978-7-5765-0048-6
定 价 20.00 元

上海市住房和城乡建设管理委员会文件

沪建标定〔2023〕229 号

上海市住房和城乡建设管理委员会
关于批准《出租汽车站点设置标准》为
上海市工程建设规范的通知

各有关单位：

由上海城市交通设计院有限公司主编的《出租汽车站点设置标准》，经我委审核，现批准为上海市工程建设规范，统一编号为 DG/TJ 08—2108—2023，自 2023 年 11 月 1 日起实施。原《出租汽车站点设置规范》DG/TJ 08—2108—2012 同时废止。

本标准由上海市住房和城乡建设管理委员会负责管理，上海城市交通设计院有限公司负责解释。

上海市住房和城乡建设管理委员会

2023 年 5 月 9 日

前　言

根据上海市住房和城乡建设管理委员会《关于印发〈2020年上海市工程建设规范、建筑标准设计编制计划〉的通知》（沪建标定〔2019〕752号）的要求，由上海城市交通设计院有限公司作为主编单位对《出租汽车站点设置规范》DG/TJ 08—2108—2012（以下简称2012年版标准）进行修订。2012年版标准实施以来，促进了本市出租汽车站点的合理化、规范化设置，取得了一定成效。然而近年来，随着上海市社会经济的快速发展，新业态、新技术、新模式的不断涌现，2012年版标准的部分内容已无法适应现有行业管理模式，亟需基于新的发展趋势和行业变化，进一步规范出租汽车营运环境，设置更高水准的出租汽车站点设施，满足精细化管理和以人为本的要求，提升乘客体验，进而更好地指导出租汽车站点的设置建设和长效管理。标准编制组全面评估了2012年版标准发布以来的实施情况，充分总结以往实践经验，立足本市交通发展实际，结合新的发展形势和要求，参考了有关国家、行业及本市相关标准规范和文献资料，在广泛征求行业专家和相关部门意见和建议的基础上，对2012年版标准进行全面、系统修编后形成了本标准。

本标准主要内容有：总则；术语；基本规定；道路外设置的出租汽车站点；道路内设置的出租汽车站点；站点设施；安装工程要求；附录A～附录C。

本次修编的主要内容包括：修改完善了相关术语；对接2035年城市总体规划、行业发展需求，增加了出租汽车站点选址原则以及临时上下客点和配套服务站等出租汽车站点类型；结合集约用地发展原则，优化完善了出租汽车站点的平面布局设计参数和站点设施建设标准、站牌方案及制作要求；结合实际项目案例经验，修订了建筑工程配置出租汽车站点泊位最低要求。

各单位及相关人员在执行本标准过程中，如有意见和建议，请反馈至上海市交通委员会（地址：上海市世博村路300号1号楼；邮编：200125；E-mail：shjtbiaozhun@126.com），上海城市交通设计院有限公司（地址：上海市建国东路525号13楼；邮编：200025；E-mail：shjiaotongsj@126.com），上海市建筑建材业市场管理总站（地址：上海市小木桥路683号；邮编：200032；E-mail：shgcbz@163.com），以供今后修订时参考。

主 编 单 位：上海城市交通设计院有限公司

主要起草人：俞雪雷　李　永　蔡敬艳　陈　琛　秘志辉
戴　伟　徐　伟　汪　湛　朱　鲤　王珩洁
范乾坤　张喆琪　沈荣辉　周永刚　马　悦
裴文成　武红丽

主要审查人：彭国雄　王秀宝　蔡逸峰　苏红娟　白　玉
施文俊　汤　健

上海市建筑建材业市场管理总站

目　次

Contents

1 总 则

1.0.1 为响应本市建设“卓越的全球城市”的发展目标，促进本市出租汽车站点设置的合理化、科学化、规范化和智慧化，提高市民乘坐出租汽车的便捷性和安全性，特制定本标准。

1.0.2 本标准适用于本市范围内设置的巡游出租汽车站点。

1.0.3 出租汽车站点设施建设应结合本市城市道路、居住区、交通枢纽、公建配套设施等用地的新建、改扩建同步实施。工业及仓储物流用地、服务大型活动临时配置的出租汽车站点可按照执行。

1.0.4 出租汽车站点的设置，除应符合本标准外，尚应符合国家、行业和本市现行有关标准的规定。

2 术 语

2.0.1 巡游出租汽车 cruise taxi

指喷涂、安装专门的出租汽车标识，通过扬招方式巡游揽客、出租汽车站点候客或电话、互联网等方式提供预约服务，实行政府定价或政府指导价，通过计价器计费的出租汽车。

2.0.2 出租汽车站点 taxi rank

指设置在建筑基地内或道路上供出租汽车停放候客的场所，按照配置功能不同，分为营业站、候客站、临时上下客点和配套服务站四类。

2.0.3 营业站 dispatching area

在机场、火车站等大型客流集散地设置的，具备出租汽车调度功能的出租汽车营业活动场所，包括车辆出入通道、出租汽车专用蓄车场、调度点等区域。

2.0.4 候客站 passenger waiting area

出租汽车驾驶员可短时泊车候客，乘客也可在站点等候出租汽车，但不配有现场调度功能的出租汽车专用区域。

2.0.5 临时上下客点 temporary taxi boarding and alighting stop

供出租汽车临时上下客设置的停靠点，并且即停即走。

2.0.6 配套服务站 taxi service station

靠近生活服务配套设施设置，满足出租汽车驾驶员就餐、补电、休息、如厕等需要的停靠场所。

2.0.7 站牌 taxi rank sign

设置在出租汽车站点，具有规定的外形和专用标识的出租汽车停靠指示设施。

3 基本规定

3.1 选址原则

3.1.1 居住区、商业、办公、公共活动、文化娱乐、宾馆酒店、医院、学校、交通场站、综合性建筑等场所的新建、改扩建时，应考虑同步设置出租汽车站点，选址宜视野开阔、方便辨识。

3.1.2 出租汽车站点的规模和设置形式应结合区域特征、用地条件、客流需求及服务半径等因素综合确定，站点的布置应方便车流和人流组织，并避免对周围人行、非机动车和机动车交通造成显著影响。

3.1.3 出租汽车站点布局应集约利用土地和道路资源，按照“路外站点为主、路内港湾式站点为辅、非港湾式等其他形式为补充”的原则设置，并应符合下列规定：

1 新建、改扩建项目应充分利用建筑物的用地空间，在项目建设用地红线内设置出租汽车站点。

2 同一地点道路内及道路外均具备设置条件的，应设置在道路外。

3.1.4 道路外设置的出租汽车站点宜结合建筑物出入口进行设计，方便乘客候车，并预留足够的空间便于候客和进出。

3.1.5 道路内设置的出租汽车站点应处理好与交叉口、人行过街、建筑物出入口、公共汽电车站点、轨道车站等设施的相互关系，保障交通安全、便捷、有序。

3.2 站点分类

3.2.1 根据服务功能的不同，出租汽车站点可分为营业站、候客站、临时上下客点和配套服务站。营业站应设置在路外；候客站可设置在路外或路内；临时上下客点宜设置在路内；配套服务站可兼顾候客功能，宜设置在路外。

3.2.2 根据具体设置位置的不同，出租汽车站点可分为路内式和路外式。

4 道路外设置的出租汽车站点

4.1 设置原则

4.1.1 道路外设置的出租汽车站点可根据各类建筑的用地规划条件、客流需求情况设置出租汽车营业站、候客站、临时上下客点和配套服务站，应结合建筑方案同步考虑出租汽车站点的设置用地和布局方案。

4.1.2 对于火车站、航空港等客流量较大的综合交通枢纽应设置出租汽车营业站。长途汽车客运站、客运码头等客运交通场站应设置出租汽车营业站或候客站。轨道交通枢纽站、轨道交通换乘站应设置出租汽车候客站。单线轨交站、地面公交枢纽站宜设置出租汽车候客站。

4.1.3 下列情况应设置出租汽车候客站：

1 在 0.5 万人以上的居住区主要出入口处。

2 建筑总面积大于 5 000 m^2 的商业场所。

3 建筑总面积大于 6 000 m^2 的办公场所。

4 建筑总面积大于 5 000 m^2 的娱乐、餐饮、旅馆等服务场所。

5 建筑总面积大于 4 000 m^2 的影（剧）院、体育场（馆）、展览馆、游览场所、园林等公共活动场所。

6 建筑总面积大于 6 000 m^2 的综合医院、社区医院等医疗场所。

7 建筑总面积大于 5 000 m^2 的中小学校、幼儿园等教育场所。

8 大专院校。

9 无法满足上述要求时，应进行出租汽车泊位需求论证。

4.2 设置要求

4.2.1 道路外设置的出租汽车站点应设在建设项目用地范围内部，可利用或结合项目退红线空间，一体化设置港湾式站点。站点设置应符合内部及外部交通组织的规定。

4.2.2 道路外设置的出租汽车站点出入口宜与地块车辆出入口合并设置，如需分开设置，间距应符合现行上海市工程建设规范《建筑工程交通设计及停车库（场）设置标准》DG/TJ 08—7 的规定。

4.2.3 道路外设置的出租汽车站点应按照现行国家标准《道路交通标志和标线》GB 5768、《城市道路交通标志和标线设置规范》GB 51038 和《城市道路交通设施设计规范》GB 50688 的要求，设置交通标志、标线和交通安全设施。

4.2.4 道路外设置的出租汽车站点配置泊位数量可按照本标准附录 A 执行。

4.3 平面布局

4.3.1 道路外设置的出租汽车站点平面及出入口设置应符合下列规定：

1 若道路外设置的出租汽车站点出入口与道路直接连接的，出入口应符合行车视距要求，安全视角不小于 120°，出入口宜采取右转交通组织。出租汽车站点的出入口与城市道路平面交叉口、人行横道线、人行过街天桥、地道、桥梁、隧道引道、地铁出入口、公交车站的距离应符合现行上海市工程建设规范《城市道路平面交叉口规划与设计标准》DG/TJ 08—96 和《建筑工程交通设计及停车库（场）设置标准》DG/TJ 08—7 的规定。

2 出租汽车站点的设置应避免影响其他车辆、行人的通行。

4.3.2 道路外设置的出租汽车站点内部布局应符合下列规定：

1 出租汽车站点应以地面设置为主。平面布局应按照人、车分流的原则，避免乘客、车辆流向冲突。

2 道路外设置的出租汽车站点所属建筑工程总平面应保证建筑基地内有车辆环通道路或回转场地，并符合机动车流与上下客及出租汽车站点之间交通组织的要求。在出租汽车站点内上下客区域宜区分设置停车道和行车道，车道长度不小于停车上下客区域长度。

3 建筑基地内道路宜采用工程措施限制车速，车速不宜大于 10 km/h。

4 出租汽车站点内部车道宽度应遵守下列规定：

1) 车辆单向行驶的，车道宽度不应小于 3.0 m；

2) 车辆双向行驶的，车道宽度不应小于 5.5 m。

5 位于建筑物内部的出租汽车站点主要设计指标如纵横净距、净空、通道宽度、通道最小平曲线半径、最大纵坡等应符合现行行业标准《车库建筑设计规范》JGJ 100 的要求。

4.3.3 营业站的规划用地宜按每辆车占地不小于 32 m^2 计算。营业站应设置具有调度功能的管理用房。

4.3.4 道路外设置的出租汽车站点采用港湾式平面布局设置的，应符合本标准第 5.3 节的要求。

5　道路内设置的出租汽车站点

5.1　设置原则

5.1.1　道路内设置的出租汽车站点可根据需求设置候客站、临时上下客点和配套服务站，根据站点设置道路情况分为港湾式和非港湾式站点两类。

5.1.2　在城市道路上设置的出租汽车站点，应以港湾式为主，车位应平行式布置，减少出租汽车停靠对道路交通造成的影响。非港湾式宜作为临时上下客点使用。

5.1.3　城市主、次干路上应综合考虑道路车道数、路幅宽度、隔离设施、非机动车和机动车流量、乘客需求、服务半径及本市道路停车相关规定等因素设置出租汽车站点。

5.1.4　支路、断头路可视情况设置。

5.1.5　交叉路口下游车道数大于其上游车道数的，可在下游右侧车道内，距交叉口转角缘石曲线的端点起向下游方向 30 m 外视情况设置(图 5.1.5)。

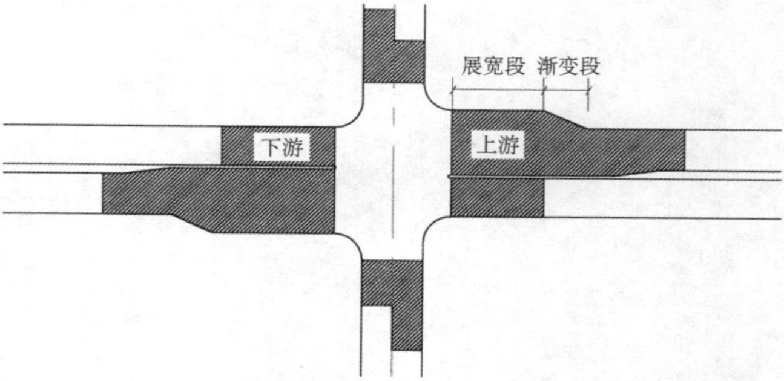

图 5.1.5　交叉口上游和下游区域示意图

5.1.6 已建的交通枢纽站和城市公共交通枢纽站等客流量大的站点以及部分公共建筑、居住小区没有规划建设出租汽车站点的，宜在路外增设；条件受限无法路外设置的，可在周边有条件的道路上视情况设置候客站。

5.1.7 下列情况不应设置出租汽车站点：

1 根据道路等级，交叉口上游车道离转角缘石曲线的端点起向上游方向 80 m～150 m，下游车道离转角缘石曲线的端点起向下游方向 50 m～80 m 的范围内，等级高的道路取上限，等级低的道路取下限，支路、断头路可适当放宽限制。

2 在设有人行道隔离设施的路段、人行横道、施工地段。

3 铁路道口、弯道、窄路、桥梁、陡坡、隧道、高架道路上、下匝道口以及距离上述地点 50 m 以内的路段。

4 急救站、加油站、消防设施以及距离上述地点 30 m 以内的路段。

5 车行道一侧已有占路障碍物，另一侧距障碍物 30 m 以内的路段。

5.2 设置要求

5.2.1 道路内设置出租汽车站点应符合下列规定：

1 设置出租汽车站点后，道路空间障碍率应不大于 35%。

2 设置出租汽车站点后，应保证人行道有足够的宽度供行人正常行走，设置候客站后人行道宽度应不小于 1.8 m。

3 不宜在城市主干路和城市次干路上设置非港湾式候客站。在城市支路或设有道路停车场的道路上，可结合道路停车泊位设置非港湾式候客站，设置条件应满足表 5.2.1 的要求。

表 5.2.1 设置候客站与车行道宽度关系表

交通组织形式	道路宽度	出租汽车候客站设置
分隔的非机动车道	非机动车道≥5 m	容许单侧设置
	非机动车道<5 m	禁止设置
双向通行道路	车行道≥27 m	在有固定中心隔离设施的道路，容许双侧设置
	车行道 12 m～27 m	容许单侧设置
	车行道<12 m	禁止设置
单向通行道路	车行道≥8 m	容许单侧设置
	车行道<8 m	禁止设置
街巷混行交通道路	≥8 m	容许单侧设置
	<8 m	禁止设置

5.2.2 设置候客站的道路服务水平应符合表 5.2.2 的规定，保障交通安全。

表 5.2.2 出租汽车候客站在不同道路服务水平道路上的设置要求

V/C	服务水平	交通状况	高峰小时系数	候客站设置
$V/C \leqslant 0.6$	A	自由流	$PHF \leqslant 0.7$	容许
$0.6 < V/C \leqslant 0.7$	B	稳定流（轻度延误）	$PHF \leqslant 0.8$	容许
$0.7 < V/C \leqslant 0.8$	C	稳定流（可接受延误）	$PHF \leqslant 0.85$	容许
$0.8 < V/C \leqslant 0.9$	D	接近稳定流（可容忍延误）	$PHF \leqslant 0.9$	有条件的容许设置
$0.9 < V/C \leqslant 1$	E	不稳定流动（拥挤）	—	禁止
—	F	强迫流动（堵塞）	—	禁止

注：1. V/C：单位时间实际车辆通行数与道路设计通行车辆数之比。
2. 高峰小时系数（PHF）：高峰小时交通量与按高峰小时内某一时段的最高交通量扩大为高峰小时交通量之比。

5.3 平面布局

5.3.1 港湾式候客站的平面布局的最低参数要求应符合表 5.3-1 的规定,设置示意图见图 5.3.1。

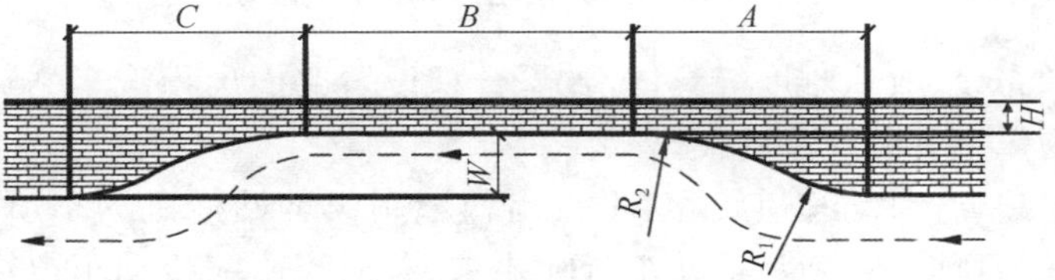

A—驶入渐变段长度;*B*—停靠区域长度;*C*—驶出渐变段长度;R_1—驶入第一转弯半径;R_2—驶入第二转弯半径;*W*—港湾宽度;*H*—站台宽度。

图 5.3.1 港湾式候客站平面设置示意图

表 5.3.1 港湾式候客站设置参数要求

布局参数类型	R_1(m)	R_2(m)	*A*(m)	*B*(m)	*C*(m)	*W*(m)	*H*(m)
推荐参数	18	12	10	*N*×6	7	3	2.0
标准参数	15	12	9	*N*×6	6	2.5	1.5

注:1 表中 *N* 值为设置候客泊位数。
2 出租汽车站点候客泊位按照 6 m 的长度设计,停放方式属于平行式、前进停车。
3 此处标准布局参数是按照 30 km/h 行驶速度下的设置参数值。

5.3.2 非港湾式出租汽车站点直接设置在机动车道或非机动车道上,候客泊位长度应为 6 m,宽度应不小于 2.5 m。设置在非机动车道上时,非机动车通行净宽应不小于 2.5 m。如道路未设置"中央隔离带(栏)",而双向均设置出租汽车站点,两侧的出租汽车站点需错位一定距离,支路应不小于 20 m,干路应不小于 40 m,以免设站处成为路段通行瓶颈(图 5.3.2)。

5.3.3 应综合考虑机动车道、非机动车道、人行道、中央分隔带、机非分隔带等的宽度及交通流条件、公交车站位置,结合道路设

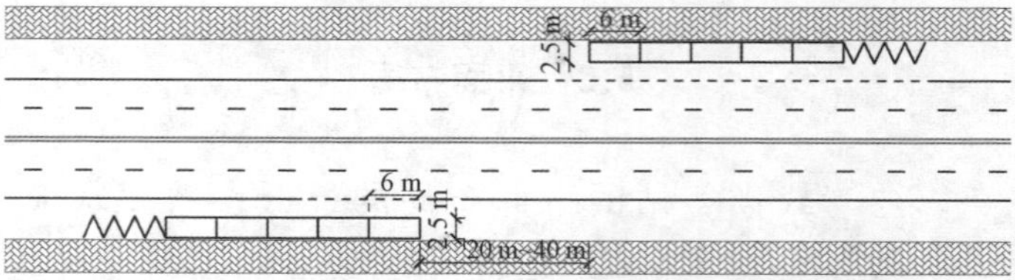

图 5.3.2 非港湾式出租汽车站点平面设置图

施的布设、改造难度等具体情况，合理设置路内出租汽车站点，可分为以下几种典型建设型式。

1 若机动车道较宽，可将出租汽车候客站处机动车道向内侧适当弯曲，在满足机动车行驶要求下，适当压缩机动车道宽度，沿机非分隔带设置半港湾式的候客站，要求机动车道压缩以后宽度一般不得小于 3 m(图 5.3.3-1)。

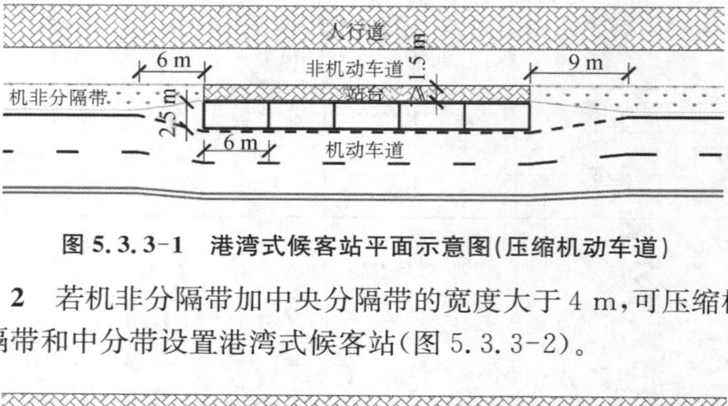

图 5.3.3-1 港湾式候客站平面示意图(压缩机动车道)

2 若机非分隔带加中央分隔带的宽度大于 4 m，可压缩机非分隔带和中分带设置港湾式候客站(图 5.3.3-2)。

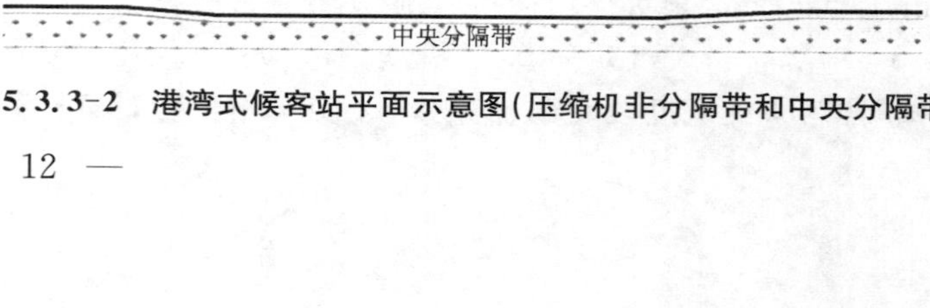

图 5.3.3-2 港湾式候客站平面示意图(压缩机非分隔带和中央分隔带)

3 若机非分隔带宽度可满足设置出租汽车停靠车位和乘客候客站台的要求，可沿机非分隔带设置港湾式候客站(图 5.3.3-3)。

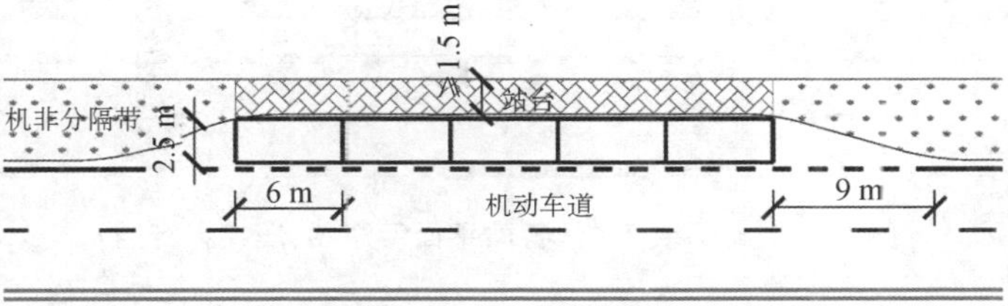

图 5.3.3-3 港湾式候客站平面示意图(压缩机非分隔带)

4 若机非分隔带宽度小于 4 m，或仅用划线或隔离栏机非分隔，不满足完全沿机非分隔带设置港湾候客站，可考虑压缩非机动车道，压缩后非机动车通行净宽不应低于 2.5 m(图 5.3.3-4)。

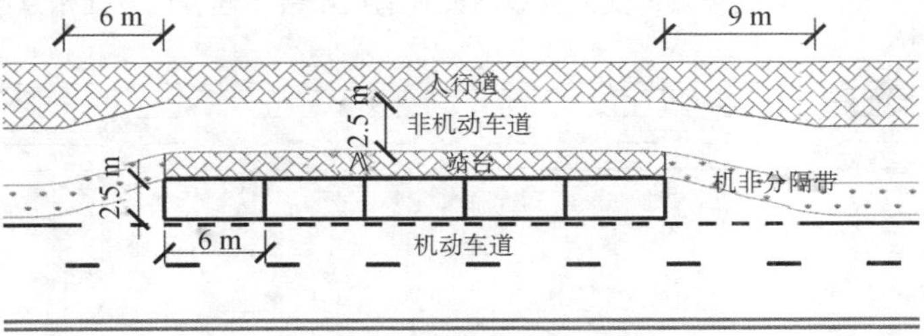

图 5.3.3-4 港湾式候客站平面示意图(压缩非机动车道)

5 对于非机动车流量较大的路段，不宜压缩非机动车道。在人行道较宽、行人流量不大的情况下，可考虑压缩人行道，压缩后人行通行净宽不应低于 1.8 m(图 5.3.3-5)。

6 可考虑结合港湾式公交车站，设置港湾式出租汽车候客站。具体形式结合公交车站的位置分为出租汽车候客站设置在公交车站上游和下游两种(图 5.3.3-6 和图 5.3.3-7)。

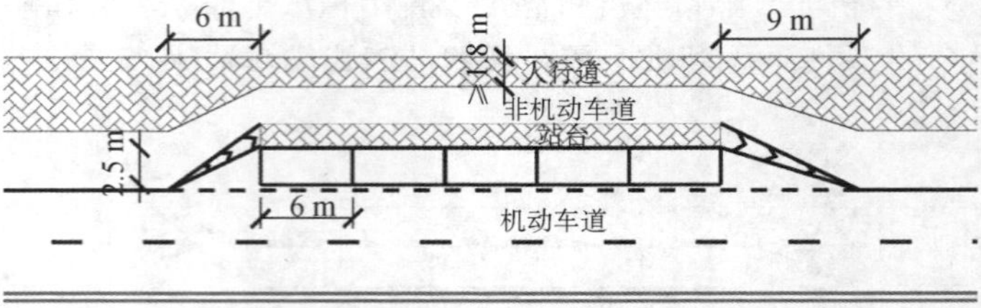

图 5.3.3-5　港湾式候客站平面示意图(压缩人行道)

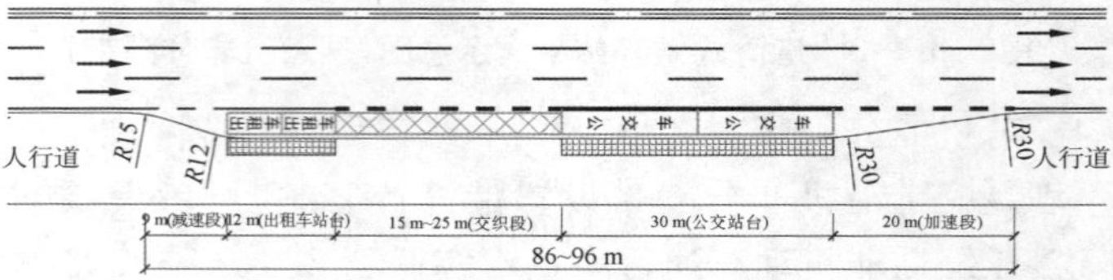

图 5.3.3-6　结合港湾式公交车站设置的出租汽车候客站平面示意图 1

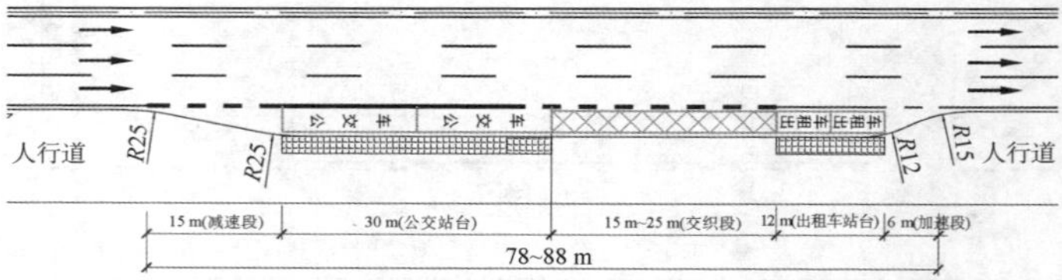

图 5.3.3-7　结合港湾式公交车站设置的出租汽车候客站平面示意图 2

6 站点设施

6.1 基本设施

6.1.1 基本设施的设置应符合下列规定：

1 出租汽车站点均应设置有标线和站牌。

2 出租汽车站点宜设置人行隔离设施，将机动车车行区域与人行区域分隔，引导乘客排队候车，确保乘客候车安全。设置的人行隔离设施长度不宜小于出租汽车站点中机动车车行区域与人行区域连接边缘长度。

3 出租汽车站点站台铺装应满足平整、坚实、防滑、美观的要求。

4 出租汽车站点车道路面结构设计应与相邻道路路面结构一致。

5 具备条件的出租汽车站点宜配有候车亭，候车亭的设置不应妨碍行人通行。候车亭外形见本标准附录B。

6.1.2 标线应符合下列规定：

1 出租汽车站点的标志应有停车位标线、车种专用停靠站标线等。

2 出租汽车站点应漆划分标线，其标线的尺寸、样式、颜色、文字设置应符合现行国家标准《道路交通标志和标线》GB 5768 和《城市道路交通标志和标线设置规范》GB 51038 的相关要求。

6.1.3 站牌应符合下列规定：

1 出租汽车站点应安装经统一编号的出租汽车站牌，站牌正面有"出租车"和站位所在区域名称及站牌编号字样，反面有"TAXI"和出租车图形。

2 道路内站点的站牌宜设置在与站点第一个泊车位相平行且不影响行人通行的人行道侧石内侧，应垂直于行车方向设立；道路外站点的站牌宜设置在入口位置。

3 站牌应具有较强的可辨识性，便于乘客和出租汽车驾驶员视认，宜具有良好的夜间可视性，不满足电源接入要求的站点，可考虑采用电池方式供电。

4 站牌为圆柱体或长方体指示标志，站牌的制作要求见本标准附录C的规定。

6.2 营业站管理用房

6.2.1 营业站管理用房应包括调度室、厕所，并根据营业站具体情况设置司机休息室、候车室等。

6.2.2 营业站管理用房的建筑面积应按照泊位数确定，50个泊位以内的营业站管理用房面积应不少于30 m^2，50个泊位以上的营业站泊位每增加10个，管理用房面积增加应不少于5 m^2。

6.2.3 营业站管理用房内厕所厕位容量应根据泊位数量科学合理安排。厕所的建设应符合现行上海市工程建设规范《公共厕所规划和设计标准》DG/TJ 08—401的规定或要求。

6.2.4 结合其他建筑物设置的营业站管理用房应因地制宜，合理安排，充分利用空间。

6.3 信息化设施

6.3.1 出租汽车候客站，应设置二维码和专用按钮辅助乘客叫车，设置信息显示屏提示基本相关信息。在具备条件的站点，宜运用先进的科技手段，提供车流和客流统计、实时交通、生活服务信息、无线上网等人性化服务。

6.3.2 应加强信息化管理平台系统建设，对接上海市统一的巡游出租汽车调度平台，具备或预留实时查询周边出租汽车站点位置和路径、可使用泊位情况、车辆与乘客数量等相关信息。

6.4 补电设施

6.4.1 出租汽车站点可选配电动汽车充电设施或换电设施。充电设施应以快充直流充电桩方式为主，满足新能源出租汽车临时快速补电需求。充电设施宜设置在具备良好通电条件的路外出租汽车站点，不应妨碍车辆和行人的正常通行，应具备交流输入过压保护、交流输入过流保护、直流输出过压保护、直流输出过流保护和内部过温保护等保护功能。具体的充电设施建设要求可按照现行国家标准《电动汽车分散充电设施工程技术标准》GB/T 51313 执行。

6.4.2 设置补电设施的出租汽车站点选址应与场地具有良好的协同性，应满足设施电源接入的要求，选址宜充分利用就近的供电设施。

6.4.3 补电设施应重点考虑支付方式的多样性、便利性和安全性，可通过现金、电卡、银行卡、线上电子支付等端口实现。

6.4.4 补电设施宜考虑使用对象的专用性，可通过后台专用识别码等方式，仅对巡游出租汽车开放补电服务。

6.5 监控设施

6.5.1 出租汽车站点宜设置车位监控，可对违法占位停靠的车辆实现自动抓拍取证，并与相关行业监管平台实现联动机制。图片记录应符合现行行业标准《违法停车自动记录系统通用技术条件》GA/T 1426 的相关要求。

6.5.2 泊位超过 100 个以上的出租汽车站点应根据现行国家标准《汽车库、修车库、停车场设计防火规范》GB 50067 相关要求，设置自动报警、自动灭火、环境与防灾监控中心设施,并进行防火分区设计。

6.5.3 泊位超过50个的出租汽车站点宜设置通信与广播系统、中央监控设备。

6.6 便民设施

6.6.1 综合考虑出租汽车站点乘客候车需求,可设置若干便民设施,包括但不仅限于手机充电接口、座椅、旅游宣传册取阅处、无障碍设施和垃圾分类箱等。

6.6.2 营业站的无障碍设施的配置和设计应符合现行国家标准《无障碍设计规范》GB 50763的有关规定和要求。

6.7 指示设施

6.7.1 营业站内应设置乘坐规则牌等标识。

6.7.2 路内和路外出租汽车站点,宜在距离站点200 m的范围内,设置相应的指示标志,并宜与周边城市导向系统连接,为乘客和驾驶员提供便利。设置的标识应符合城市道路主管部门和市容环境管理部门的有关规定,且设置形式、色彩、尺寸和材质应与周边的环境相协调。

1 应在出租汽车站点附近的道路以及人流汇集的地点设置指引标志,引导出租汽车驾驶员和乘客到达附近站点。

2 应在客流集散地、商场等建筑物内部设置指引标识、标志或设施,提前引导乘客前往站点乘车。

7 安装工程要求

7.0.1 安装钢结构工程应符合现行国家标准《钢结构工程施工质量验收标准》GB 50205 的规定。

7.0.2 电气装置安装施工应符合现行国家标准《电气装置安装工程电缆线路施工及验收标准》GB 50168 的规定。

7.0.3 混凝土结构工程应符合现行国家标准《混凝土结构工程施工质量验收规范》GB 50204 的规定。

7.0.4 焊接施工应符合现行国家标准《钢结构焊接规范》GB 50661 的规定。

7.0.5 使用不锈钢冷轧钢板应符合现行国家标准《不锈钢冷轧钢板和钢带》GB/T 3280 的规定。

7.0.6 使用不锈钢热轧钢板应符合现行国家标准《不锈钢热轧钢板和钢带》GB/T 4237 的规定。

7.0.7 普通碳素钢结构技术条件应按现行国家标准《碳素结构钢》GB/T 700 规定。

7.0.8 使用铝合金型材应符合现行国家标准《一般工业用铝及铝合金挤压型材》GB/T 6892 的要求。

附录 A 建筑工程配置出租汽车站点泊位最低要求

各种不同用地性质的建筑工程所配置的出租汽车站点泊位，应满足本附录的规定。无法满足指标要求时，应进行出租汽车泊位需求专项论证。

A.0.1 住宅配置的出租汽车站点泊位指标不应小于表 A.0.1 的规定。

表 A.0.1 住宅配置的出租汽车站点泊位指标

项目	评价指标	配置泊位指标
住宅	建筑面积≤100 000 m^2	2 个～4 个
	建筑面积＞100 000 m^2	每个主要人行出入口设置 1 个～3 个

注：0.5 万人以下的小区经泊位需求论证后，可不设置出租汽车站点。

A.0.2 商业场所配置的出租汽车站点泊位指标不应小于表 A.0.2 的规定。

表 A.0.2 商业场所配置的出租汽车站点泊位指标

项目	评价指标	配置泊位指标
商业	建筑面积≤5 000 m^2	可不配置
	5 000 m^2＜建筑面积≤40 000 m^2	每增加 7 000 m^2 增设 1 个出租车位
	40 000 m^2＜建筑面积≤100 000 m^2	超过 5 个后，每增加 20 000 m^2 增设 1 个出租车位
	100 000 m^2＜建筑面积≤300 000 m^2	超过 8 个后，每增加 50 000 m^2 增设 1 个出租车位
	建筑面积＞300 000 m^2	超过 12 个后，每增加 100 000 m^2 增设 1 个出租车位

A.0.3 办公场所配置的出租汽车站点泊位指标不应小于表 A.0.3 的规定。

表 A.0.3 办公场所配置的出租汽车站点泊位指标

项目	评价指标	配置泊位指标
办公	建筑面积≤6 000 m^2	可不配置
	6 000 m^2<建筑面积≤30 000 m^2	每增加 6 000 m^2 增设 1 个出租车位
	30 000 m^2<建筑面积≤80 000 m^2	超过 4 个后，每增加 25 000 m^2 增设 1 个出租车位
	80 000 m^2<建筑面积≤180 000 m^2	超过 6 个后，每增加 50 000 m^2 增设 1 个出租车位
	建筑面积>180 000 m^2	超过 8 个后，每增加 100 000 m^2 增设 1 个出租车位

A.0.4 服务类场所配置的出租汽车站点泊位指标不应小于表 A.0.4 的规定。

表 A.0.4 服务类场所配置的出租汽车站点泊位指标

项目	评价指标	配置泊位指标
娱乐	建筑面积≤5 000 m^2	可不配置
	5 000 m^2<建筑面积≤25 000 m^2	每增加 10 000 m^2 增设 1 个出租车位
	25 000 m^2<建筑面积≤125 000 m^2	超过 2 个后，每增加 50 000 m^2 增设 1 个出租车位
	建筑面积>125 000 m^2	超过 4 个后，每增加 100 000 m^2 增设 1 个出租车位
餐饮	建筑面积≤5 000 m^2	可不配置
	5 000 m^2<建筑面积≤25 000 m^2	每增加 10 000 m^2 增设 1 个出租车位
	25 000 m^2<建筑面积≤105 000 m^2	超过 2 个后，每增加 40 000 m^2 增设 1 个出租车位
	建筑面积>105 000 m^2	超过 4 个后，每增加 100 000 m^2 增设 1 个出租车位

续表A.0.4

项目	评价指标	配置泊位指标
旅馆	建筑面积≤5 000 m^2	可不配置
	5 000 m^2<建筑面积≤25 000 m^2	每增加 10 000 m^2 增设 1 个出租车位
	25 000 m^2<建筑面积≤165 000 m^2	超过 2 个后，每增加 70 000 m^2 增设 1 个出租车位
	建筑面积>165 000 m^2	超过 4 个后，每增加 150 000 m^2 增设 1 个出租车位

A.0.5 场馆与园林配置的出租汽车站点泊位指标不应小于表 A.0.5 的规定。

表 A.0.5 场馆与园林配置的出租汽车站点泊位指标

项目	评价指标	配置泊位指标
场馆	建筑面积≤4 000 m^2	可不配置
	4 000 m^2<建筑面积≤15 000 m^2	1 个～3 个
	建筑面积>15 000 m^2	每个人行出入口设置 2 个～4 个
园林	建筑面积≤4 000 m^2	可不配置
	4 000 m^2<建筑面积≤60 000 m^2	1 个～3 个
	建筑面积>60 000 m^2	每个人行出入口设置 2 个～3 个

注：场馆大类中，博物馆、展览馆等一般到发客流较为分散，体育馆、剧院等一般到发相对集中，建议酌情考虑取低值或高值。

A.0.6 医院配置的出租汽车站点泊位指标不应小于表 A.0.6 的规定。

表 A.0.6 医院配置的出租汽车站点泊位指标

项目	评价指标	配置泊位指标
社区医院	建筑面积≤6 000 m^2	可不配置
	6 000 m^2<建筑面积≤26 000 m^2	每增加 10 000 m^2 增设 1 个出租车位
	26 000 m^2<建筑面积≤126 000 m^2	超过 2 个后，每增加 50 000 m^2 增设 1 个出租车位

续表A.0.6

项目	评价指标	配置泊位指标
社区医院	建筑面积>126 000 m²	超过4个后，每增加100 000 m² 增设1个出租车位
综合、专科医院	建筑面积≤6 000 m²	可不配置
	6 000 m²<建筑面积≤36 000 m²	每增加10 000 m² 增设1个出租车位
	36 000 m²<建筑面积≤186 000 m²	超过3个后，每增加50 000 m² 增设1个出租车位
	建筑面积>186 000 m²	超过6个后，每增加100 000 m² 增设1个出租车位

A.0.7 学校配置的出租汽车站点泊位指标不应小于表A.0.7的规定。

表A.0.7 学校配置的出租汽车站点泊位指标

项目	评价指标	配置泊位指标
中小学校、幼儿园	建筑面积≤5 000 m²	可不设置
	5 000 m²<建筑面积≤25 000 m²	每增加10 000 m² 增设1个出租车位
	25 000 m²<建筑面积≤125 000 m²	超过2个后，每增加50 000 m² 增设1个出租车位
	建筑面积>125 000 m²	超过4个后，每增加100 000 m² 增设1个出租车位
大专院校	建筑面积≤100 000 m²	2个～4个
	建筑面积>10 000 m²	每个人行出入口设置2个～3个

注：中小学校、幼儿园从校园安全角度考虑，一般不允许校外车辆进入，宜结合出入口设置港湾式出租汽车站点。

A.0.8 交通场站配置的出租汽车站点泊位指标不应小于表A.0.8的规定。

表 A.0.8 交通场站配置的出租汽车站点泊位指标

项目	评价指标	配置泊位指标
客运码头	高峰日客流集散量	[(高峰日客流集散量)$^{1/5}$]
长途汽车客运站	高峰日客流集散量	[(高峰日客流集散量)$^{1/4}$]
轨道交通	远期高峰小时客流集散量	[0.5×(远期高峰小时客流集散量)$^{1/4}$]
公交枢纽	高峰日客流集散量	[0.25×(高峰日客流集散量)$^{1/4}$]

注:3 条以上常规公交线路或 1 条～2 条快速公交线路即构成公交枢纽。

A.0.9 综合性建筑出租汽车站点候客泊位指标按各类性质和规模分别计算。考虑综合性建筑各功能区域出租车候客的客流和高峰时段不同,泊位规模经需求专项论证后,可适当下降。

A.0.10 机场、火车站等需进行交通专项规划的大中型综合交通枢纽,出租汽车站点泊位应按照交通专项规划的相关要求设置。

附录 B 出租汽车站点候车亭外形要求

出租汽车站点候车亭材质建议采用不锈钢和钢化玻璃，外形示意图见图 B。具体外形方案可考虑与站点所设区域和周边特色建筑相协调，按实际情况优化设计方案。

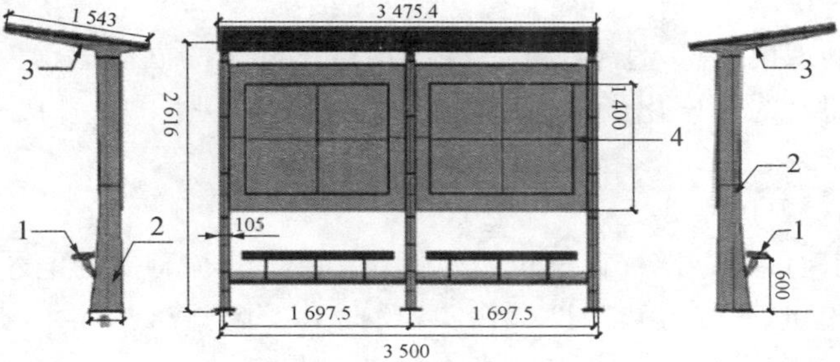

图 B 出租汽车站点候车亭外形示意图(mm)

附录C 站牌方案及制作要求

C.1 站牌型式一

本方案为现状出租汽车站点的标识牌的升级进化版，在其基础上进行丰富美化，时尚柔美的金属曲线造型体现上海全球卓越城市的现代气息，且延续了上海出租汽车候车的固有标识。同时增加简易的信息化设备，立体感凸显，造型美观大方。可用于路内站点。

C.1.1 站牌主要元素

正面有"TAXI"和出租汽车图形；侧面设有简易的电子信息屏、一键叫车按钮和微型摄像头；反面为各区站点具体编号。站牌表面含 LED 灯箱，具有良好的夜视效果。

站牌信息展示区域图案示意图见图 C.1.1。

图 C.1.1 站牌信息展示区域图案示意图

C.1.2 站牌尺寸

站牌高宽厚分别为 3 000 mm×363 mm×123 mm，灯箱直径为 600 mm。

C. 1. 3 站牌颜色

站牌站体色号:RGB 为 128,128,128。

灯箱背景:RGB 为 0,0,0。

黄色圆底和出租汽车图形:RGB 为 255,215,0。

具体版面设计方案及尺寸详见图 C. 1. 3。

图 C. 1. 3 站牌外形结构及尺寸示意图方案一(路内版)(mm)

C. 1. 4 建议材质

站牌:304 不锈钢,厚度 1. 2 mm。

LED 灯箱:黄色亚克力热成型镶嵌,表面图文 3M 膜刻字粘贴，内置户外防水LED，内发光。

一键叫车按钮：防水金属按钮。

电子显示屏：可显示叫车二维码和文字信息，分辨率为1 600(H)×1 200(V)dot，功率≤5 W，太阳直射下需清晰可见。

C.2 站牌型式二

本方案整体为长方体造型，简约时尚，立体感强，标识醒目明确，可用于路外站点。

C.2.1 站牌主要元素

正面有“TAXI”和出租汽车图形、出租汽车站点中英文文字及编号、电子显示屏、中英文站点名称、一键叫车按钮、微型摄像头等；侧面有广告看板；反面为各区站点具体编号。站牌表面含LED灯箱，具有良好的夜视效果。

站牌信息展示区域图案同方案一。

C.2.2 站牌尺寸

站牌高宽厚分别为3 000 mm×603 mm×243 mm。

C.2.3 站牌颜色

站牌站体色号：RGB为35，35，35。

灯箱背景：RGB为0，0，0。

黄色圆底和出租汽车图形：RGB为255，215，0。

具体版面设计方案及尺寸详见图C.2.3。

C.2.4 建议材质

站牌：304不锈钢，厚度1.2 mm。

LED灯箱：黄色亚克力热成型镶嵌，表面图文3M膜刻字粘贴，内置户外防水LED，内发光。

一键叫车按钮：防水金属按钮。

电子显示屏：可显示叫车二维码信息和文字信息，分辨率为2 560(H)×1 440(V)dot，功率≤5 W，太阳直射下需清晰可见。

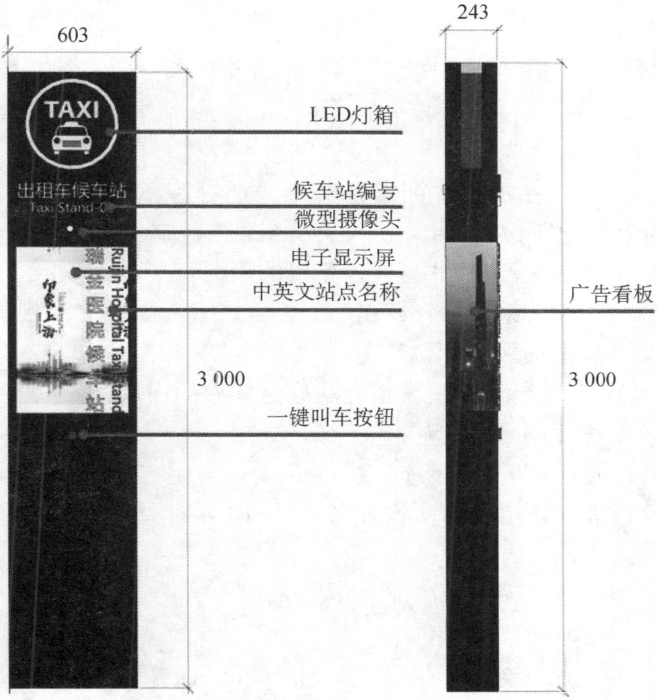

图 C.2.3　站牌外形结构及尺寸示意图方案二(路外版)(mm)

本标准用词说明

1 为便于在执行本标准条文时区别对待，对要求严格程度不同的用词，说明如下：

1）表示很严格，非这样做不可的用词：
正面词采用“必须”；
反面词采用“严禁”。

2）表示严格，在正常情况均应这样做的用词：
正面词采用“应”；
反面词采用“不应”或“不得”。

3）表示允许稍有选择，在条件许可时首先应这样做的用词：
正面词采用“宜”；
反面词采用“不宜”。

4）表示有选择，在一定条件下可以这样做的用词，采用“可”。

2 条文中指定按其他有关标准、规范执行时，写法为“应符合……的规定（要求）”或“应按……执行”。

引用标准名录

1 《碳素结构钢》GB/T 700
2 《不锈钢冷轧钢板和钢带》GB/T 3280
3 《不锈钢热轧钢板和钢带》GB/T 4237
4 《道路交通标志和标线》GB 5768
5 《一般工业用铝及铝合金挤压型材》GB/T 6892
6 《汽车库、修车库、停车场设计防火规范》GB 50067
7 《电气装置安装工程　电缆线路施工及验收标准》GB 50168
8 《混凝土结构工程施工质量验收规范》GB 50204
9 《钢结构工程施工质量验收标准》GB 50205
10 《钢结构焊接规范》GB 50661
11 《城市道路交通设施设计规范》GB 50688
12 《无障碍设计规范》GB 50763
13 《城市道路交通标志和标线设置规范》GB 51038
14 《电动汽车分散充电设施工程技术标准》GB/T 51313
15 《违法停车自动记录系统通用技术条件》GA/T 1426
16 《车库建筑设计规范》JGJ 100
17 《建筑工程交通设计及停车库(场)设置标准》DG/TJ 08—7
18 《城市道路平面交叉口规划与设计标准》DG/TJ 08—96
19 《公共厕所规划和设计标准》DG/TJ 08—401

上海市工程建设规范

出租汽车站点设置标准

DG/TJ 08—2108—2023

J 12105—2023

条 文 说 明

2023　上海

目　次

Contents

1 总 则

1.0.1 2011—2012 年，原上海市交通运输和港口管理局作为主编单位，会同原上海市城市交通运输管理处、上海市公安局交警总队、上海市中交通标志制造有限公司等单位，编制了《出租汽车站点设置规范》DG/TJ 08—2108—2012（以下简称 2012 年版标准）。该标准的制定和实施，有利于促进本市出租汽车站点规划、设计、建设符合建设城市公共交通现代化运营组织和管理要求，一定程度上促进了出租汽车行业节能减排，减轻了出租汽车驾驶员劳动强度，提高了市民乘坐出租汽车的便利度。

自 2012 年版标准实施以来，本市结合商圈、医院、景点、交通枢纽等，设置了若干出租汽车临时上下客点和候客站，但仍存在出租汽车站点设施匮乏（以临时上下客点为主，较多结合公交站点设置，部分站点被其他车辆占用）、站牌站台设施简易（样式单调，识别性不强，大都未考虑人车隔离、候车亭、智能化等设施）、缺乏引导标志、乘坐不便等问题；2016 年起，上海开展交通违法行为大整治，各主要路段漆划黄实线为有效解决违法停车提供了强有力保障，但部分上下客矛盾也由此产生，因此也存在设置方便、合法的出租汽车站点的需求。

对标"上海 2035 总体规划"全球城市目标，上海需要高水平的出租汽车站点设施，成为规范有序、运转高效、文明服务的窗口。近年随着移动互联网、大数据的兴起，为进一步规范巡游出租汽车营运环境，提升乘客体验，上海正在推动出租汽车行业改革，统筹规划并加快建设出租汽车站点，引导逐步形成以"网络预约＋电调＋站点候客"为主的运营管理模式，促进移动互联网与出租汽车融合发展，引导乘客和驾驶员逐步使用站点规范化候车、载客，减少空驶，提高运营效率。

自 2019 年起至 2021 年，“完成中心城区 100 个出租汽车候客站点建设”连续 3 年被列入市政府实事工程项目，取得了较好的效果，有必要把实施过程中较 2012 年版标准有所完善、拓展和变化的内容，通过标准修订进行固化。

此外，2012 年版标准引用的一些标准已发生变化，因此也需进行相应调整。

基于以上新的发展趋势变化，遵循精细化管理和以人为本的相关要求，使上海市出租汽车站点的规划、设计、建设符合卓越的全球城市与社会主义现代化国际大都市的城市发展目标，有必要对 2012 年版标准的内容进行部分修订，进而更好地指导出租汽车站点的规划设计、建设实施和长效管理。拟重点对出租汽车站点的选址原则、分级分类、功能需求、平面布局、配建指标、配套设施、站牌方案及制作要求等内容进行相应更新、修订、补充和深化。

1.0.2 调整原条文表述。2012 年版标准实施以来，出租汽车出现一种新的形式——网络预约出租汽车。为更好地构建多样化服务体系，出租汽车一般分为巡游出租汽车和网络预约出租汽车两种，考虑到巡游出租汽车具备更多的社会公益属性，且网约车目前和社会车辆的界定、监管等方面仍存在一定的不确定性，因此本标准主要适用于本市范围内设置的巡游出租汽车站点。

1.0.3 出租汽车站点设施建设应结合本市城市道路新建、扩建及交通枢纽、公共活动和文化娱乐中心、宾馆、饭店、商办楼、商业中心、游览场所、医院、学校和居住区等场所的新建、改建或调整同步实施。工业及仓储物流用地、服务大型活动配置的临时性出租汽车站点等其他场所参照执行。本标准正式发布后，将直接用于指导本市主城区的站点新建和整合工作，郊区新城、新市镇、其他区域以及现有出租汽车站点可参照执行。

1.0.4 调整原条文表述。增加了出租汽车站点的设置尚应符合现行行业有关标准的规定。

2 术 语

2.0.1～2.0.7 根据国家、行业的相关定义对本标准所涉及的主要术语进行定义。根据出租汽车站点具体设置位置和形式的不同，以及行业实际情况的变化，补充了对巡游出租汽车、出租汽车临时上下客点和配套服务站3个术语的定义。

3 基本规定

3.1 选址原则

3.1.1 调整原条文表述，对选址原则进行扩展和补充。本条文规定的目的，主要是要求各客流集散点在规划时考虑出租汽车站点配置需求，从源头上规划，使客流集散点的功能配置更为合理化。应重点结合大型居住区、大型商办场所和综合体、大型公共活动场所、大型文化娱乐场所、四星级及以上宾馆酒店、二级及以上医院、大专院校、重要交通枢纽等客流较为密集的场所的新建、改扩建，同步设置出租汽车站点。在不影响交通的情况下，宜尽可能靠近出行的起讫点，提高站点使用方便性。同时，兼顾人性化考虑，宜就近生活服务配套设施，并与周边环境相协调。

3.1.3 本条文规定主要是为了充分利用建筑物的空间用地，尽量少占用道路资源，减少对道路交通的影响。应逐步形成以路外为主、独立设置的路内港湾式为辅、路内非港湾式和结合港湾式公交车站设置为补充并确保专用的出租汽车站点格局。

3.1.4 本条为新增条文。对道路外设置的出租汽车站点选址的基本原则、应着重考虑的因素等进行了规定。选址宜结合建筑物出入口和内部建筑格局，尽量缩短步行距离，同时应有足够的空间，确保车辆停放，方便乘客候车。应有顺畅的进出通道，便于车辆进出。

3.1.5 本条为新增条文。对道路内设置的出租汽车站点选址的基本原则、应着重考虑的因素等进行了规定。选址应处理好与交叉口、道路横断面、人行过街、建筑物出入口、公共汽电车站点、轨道车站等设施的位置关系，加强与地下管线、绿化、消防、照明等市政基础设施的协调，以达到各类设施的协调设置，方便乘客便捷、安全乘车。

3.2 站点分类

3.2.1 本条为新增条文。根据服务功能的不同，对出租汽车站点进行了相应分类。营业站应设置在路外，建议在虹桥枢纽、东方枢纽、铁路上海站、铁路上海南站、松江枢纽、宝山枢纽等客流量较大的对外综合交通枢纽、五大新城规划市域铁路和轨交综合交通枢纽以及上海迪士尼度假区等大型旅游集散地优先设置，不宜设置"一键或扫码叫车"信息服务；候客站设置应以路外为主、路内为辅，建议在轨交枢纽站（3条及以上轨道交通线通过的车站）、轨交换乘站、商业、办公、商办综合体、医院、学校等结合路外空间优先设置，应配置"一键或扫码叫车"信息服务；临时上下客点宜设置在路内，以非港湾式出租站点、结合港湾式公交车站和路边停车泊位设置等形式为主，可配置"一键或扫码叫车"信息服务；配套服务站可结合餐厅、出租企业自有场站、国家电网公司等设置的集中式出租车专用充换电站等服务配套设施设置，以提供驾驶员就餐、补电、休息等服务，宜优先路外设置，可兼顾停车候客功能。

3.2.2 本条为新增条文。路内出租汽车站点在道路红线以内，需利用道路空间资源进行设置，根据布置形式不同，路内出租汽车站点可分为港湾式和非港湾式。港湾式出租汽车站点是指在道路车行道外侧，采取局部拓宽路面的方式设置出租汽车站点，减少了出租车辆停靠时对动态交通的影响，保证路段车流的正常运行；非港湾式出租汽车站点是将停靠区域直接设置在车道上，出租车辆停靠时需占用车道，形成了交通瓶颈路段，会对动态交通产生一定影响，当路段机动车服务水平较差时甚至会造成交通阻塞。路外出租汽车站点在道路红线以外，主要利用地块内部空间进行设置，不占用道路资源。

4 道路外设置的出租汽车站点

4.1 设置原则

4.1.1 调整原条文表述。根据上海实际发展情况，在2012年版标准中道路外设置的出租汽车站点仅有营业站和候客站的基础上，新增了临时上下客点和配套服务站。应结合建筑方案同步考虑道路外的出租汽车站点设置用地和布局方案，设置在建筑基地内部的道路上，这样可以尽量减少出租汽车站点对道路交通的影响。

4.1.2 对于综合交通枢纽等大型交通集散点，出租汽车需求较大，需要停泊较多出租汽车，并有专人管理，因此应建设营业站。结合实际情况，对2012年版标准条文里应设置出租汽车站点的客运交通场站，明确为长途汽车客运站、客运码头等。补充了轨交枢纽站（3条及以上轨道交通线通过的车站）、轨交换乘站应设置出租汽车候客站，单线轨交站、地面公交枢纽站宜设置出租汽车候客站的要求。

4.1.3 本标准编制组结合上海市近年新建、改扩建项目的交通影响评价和实际推进建设过程中，在地块红线内设置出租汽车站点的现状，以及近年来全市出租汽车候客站的建设实际情况、取得的成绩和存在的困难等，进行了详细调研和深入研究。建议市、区交通行政主管部门在新、改建项目设计方案审批环节，应进一步落实出租汽车候客站点配套建设要求，核定应配建的出租汽车站点方案和具体泊位数，并强化竣工验收环节中对出租汽车候客站点配建的审批。确因用地等相关条件受限，无法满足设置出租汽车站点启动面积阈值和泊位指标要求时，应由交通行政主管部门牵头，在项目设计方案审批阶段前，进行出租汽车泊位需求专项论证。

4.2 设置要求

4.2.1 调整原条文表述。部分具备条件的建设项目，可利用或结合地块退红线空间，紧邻道路红线设置港湾式出租汽车站点。

4.2.2 调整原条文表述。本条文对出租汽车站点出入口位置的设置进行规定，道路外设置的出租汽车站点出入口宜与地块车辆出入口合并设置，减少出入口过多对道路交通的压力。原条文对出租汽车站点出入口与其他出入口之间的 5 m 安全距离的要求，与现行上海市工程建设规范《建筑工程交通设计及停车库（场）设置标准》DG/TJ 08—7 中相邻出入口最小间距 20 m 的要求相矛盾。

4.2.3 修订条文。本条文规定的目的，是为了确保站点内部的标牌、标线设置合理，确保内部导向系统有序。补充新增了应参考现行国家标准《城市道路交通标志和标线设置规范》GB 51038 和《城市道路交通设施设计规范》GB 50688 中的相关要求，同时由于《陆上公共客运服务标志》DB31/T 517 和《道路交通管理设施设置技术规程》DBJ 08—39 已废止，因此取消了引用。

4.2.4 本条文主要是说明常见的道路外设置的出租汽车站点设置要求，具体说明见本标准附录 A。

4.3 平面布局

4.3.2 为提高利用效率，便于驾驶员和乘客使用，出租汽车站点应以地面设置为主。从安全的角度，对站点内出租汽车行驶提出车速要求，规定车速不宜大于 10 km/h。同时，根据车速、出租汽车宽度及车身安全范围，参考现行上海市工程建设规范《建筑工程交通设计及停车库(场)设置标准》DG/TJ 08—7 的相关要求，规定站点内部道路的宽度、转弯半径等。最新版上海市工程建设规范《建筑工程交通设计及停车库(场)设置标准》DG/TJ 08—7，对出租汽车站点内部车道宽度指标要求有变化，因此本条文也相应更新调整。

4.3.3 营业站规划用地中的计算方法按照现行行业标准《城市公共交通站、场、厂设计规范》CJJ 15 的要求计算。

5 道路内设置的出租汽车站点

5.1 设置原则

5.1.1 调整原条文表述。根据上海实际情况，在2012年版标准道路内设置的出租汽车站点仅有候客站的基础上，新增了出租临时上下客点和配套服务站这两类道路内设置的出租汽车站点。

5.1.2 修订条文。出租汽车站点的设置以不影响道路通行为原则，并在道路改建、扩建时一并考虑出租汽车站点位置，优先考虑建设港湾式车站。确需设置出租汽车站点但无法设置港湾式的，可视情况设置非港湾式站点。非港湾式站点原则上只作为临时上下客点使用，在道路上设置时不应违反交警部门关于道路管理的有关规定。

5.1.3 修订条文。2012年版标准中本条文仅对次干路上设置出租汽车站点的因素进行了说明。结合实际情况，主干路在具备客流和道路条件的前提下，也有较多设置出租汽车站点的实例，因此予以增加。

5.1.4 修订条文。结合实际情况，如支路、断头路道路交通量和乘坐出租需求较大，宜设置出租汽车候客站或临时上下客点。如通行车辆较少，可允许出租车路边临时停靠，应与交叉口、人行横道、桥梁、隧道引道、地铁出入口、公交车站等保持安全距离。

5.1.5 修订条文。补充了交叉口上游和下游区域示意图。

5.1.6 修订条文。缺乏出租汽车站点的已建交通枢纽站和城市公共交通枢纽站等客流量大的站点以及部分公共建筑、居住小区，宜在路外增设候客站；条件受限确实无法路外设置的，可在周边有条件的道路上视情况设置路内站点。

5.2 设置要求

5.2.1 本条文规定了设置出租汽车站点时对道路的要求：

1 从站点对交通的影响角度出发，通过对空间障碍率上限的限制，保证道路有足够的空间供车辆通行。其中，空间障碍率是指停放出租汽车的占用道路宽度与为出租汽车的宽度与车辆左右间隙的宽度(一般取 0.4 m～0.5 m)之和占道路宽度的百分比。对于双向通行时的道路，道路宽度为站点一侧的道路宽度；对于单向行驶的道路宽度为整个道路的宽度，整个宽度测量中不包括人行道、绿化带宽度。

2 考虑出租汽车站点设置位置对人行道的影响，设置站点后，人行道仍应有足够的宽度供行人正常通行。

3 主、次干路道路通行量较大，不宜设置非港湾式候客站。而一般设有道路停车场的道路，往往车流量相对较小，在道路一侧停车对本条道路交通影响较小，在此可结合道路停车泊位设置非港湾式候客站，充分利用交通资源。在设置候客站与车行道宽度关系表中，补充了道路宽度的具体范畴。

5.2.2 修订条文。强调了候客站的设置应充分考虑站点所在道路的机动车和慢行交通服务水平和交通安全因素，对设置站点道路的需求参数进行简化，选取几个主要参数，便于实际操作。

5.3 平面布局

5.3.1 修订条文。规定了道路内设置的港湾式出租汽车站点相关尺寸要求，对 2012 年版标准中的港湾式候客站平面设置图中的参数进行了补充，增加了站台宽度指标“H”，并对其推荐布局参数和标准布局参数取值进行界定，便于指导道路内站点的设置。

5.3.2 修订条文。为不影响非机动车通行，明确了设置非港湾式出租汽车站点后，非机动车通行净宽的最低要求和双向设置出租汽车站点时两侧需错位的距离要求。

5.3.3 本条文为新增条文。设置路内出租汽车站点时，应根据机动车道宽度、机非分隔带宽度、非机动车道宽度、人行道宽度、道路交通流量、公交车站形式等因素，因地制宜进行设置，也可以根据具体情况，将几种方法综合使用。结合港湾公交车站设置时出租汽车候客站时，二者之间需设置一定距离的交织区。同时分别给出不同类型的出租汽车站点的平面布局参考型式图。

6　站点设施

出租汽车站点作为城市交通功能的重要组成部分，本章在2012年版标准中标线、站牌、人车隔离、候车亭等基本设施的基础上，对出租汽车站点设施升级完善，增配多种功能，包括上下车及候客、车辆停靠、信息化、补电、监控、便民、指示、安全等设施，并对需配置的具体内容作相关规定和要求。

6.1　基本设施

6.1.1　调整原条文表述。在原条文基础上，补充了出租汽车站点人行隔离设施的作用，设置候车亭时，不应妨碍行人通行。增加了对站台铺装和站点车道路面结构的相关要求。

6.1.2　修订条文。新增对出租汽车站点标线尺寸、样式、颜色、文字设置的要求，除应符合现行国家标准《道路交通标志和标线》GB 5768 外，还应符合现行国家标准《城市道路交通标志和标线设置规范》GB 51038 的相关要求。出租汽车候客站停车位应采用实线边框黄色标线，线宽应为 10 cm，每个车位长度应为 6 m、宽度应为 2.5 m；边框内附加“出租车”文字，字高应为 120 cm、字宽应为 80 cm、字间距应为 50 cm，文字采用白色，沿出租车行驶方向应由远及近纵向排列。临时上下客点应采用虚线边框黄色标线。具备条件的站点可采用新工艺新技术设置彩色铺装等，进一步提升站点辨识性。

6.1.3　修订条文。规定了站牌的具体要求，并要求出租汽车站牌按照编号实行统一编号，每个出租汽车站牌具有唯一的编号，方便站点的识别、管理和调度，编号方法另行制定。站牌应具有较强的可辨识性，不满足电源接入要求的站点，可考虑采用蓄电池或太阳能电池等方式供电，提高出租汽车站点绿色能源利用水平。《陆上公共客运服务标志》DB31/T 517 已于 2018 年 3 月 16 日废止，因此取消引用。此外，关于出租汽车站牌应统一编号并在规范位置设置的规定为 2012 年版标准条文第 3.0.2 条的内容，修订从系统关联性角度考虑，将其移至本条文。

6.2 营业站管理用房

6.2.1，6.2.2 本条文规定了营业站设有的管理用房类型，最小面积要求等，并要求配置必要的设施设备，供现场调度和驾驶员工作、休息，体现人性化管理的要求。

6.2.3 管理用房内厕所的建筑面积应根据管理用房总体建筑规模、厕位及附属设施配置等综合调配确定，厕位及附属设施的基本设计尺寸可参照现行上海市工程建设规范《城市公共厕所规划和设计标准》DG/TJ 08—401。

6.3 信息化设施

6.3.1 本条文为新增条文。出租汽车候客站站牌应设置叫车二维码和专用叫车按钮，基于“全龄友好”考虑，便于老年人等运用智能技术困难人群跨越“数字鸿沟”，实现“一键”便捷叫车，缓解“打车难”。站牌宜设置信息显示屏，包含站点名称、日期、北京时间等基本信息，乘客点击“一键叫车”按钮或扫描电子屏幕上的二维码后，平台发布需求给周边巡游出租车，得到响应后屏幕反馈给乘客叫车进度提示等信息。设置或预留车辆进出、客流统计、站点轮候排序管理、媒体播放等功能。在具备条件的站点，宜具备智能互联网属性，可提供电子地图、周边路况、公交地铁查询、应急状况通知等实时交通咨询，天气预报、周边配套、广告服务等生活服务信息。

6.3.2 本条文为新增条文。应对接上海市统一的巡游出租汽车调度平台，实现数据共享，合理调度车辆，提高资源利用，及时满足乘客乘车需求，保证站点高效使用。

6.4 补电设施

6.4.1 本条文为新增条文。为适应上海市新能源出租汽车发展需求，在出租汽车站点选配直流快充设施，可满足新能源出租汽车临时快速充补电需求，一定程度上缓解上海城市用地紧张，新能源出租汽车停车补电困难、驾驶员里程忧虑等突出问题。
6.4.3 本条文为新增条文。补电设施应重点考虑支付方式的多样性、便利性和安全性，宜以线上电子支付方式为主。

6.5 监控设施

6.5.1 本条文为新增条文。车位监控设置的目的在于减少乃至杜绝其他车辆占用出租汽车站点。

6.6 便民设施

6.6.2 修订条文。行业标准《城市道路和建筑物无障碍设计规范》JGJ 50和上海市工程建设规范《无障碍设施设计标准》DGJ 08—103已废止，调整为现行国家标准《无障碍设计规范》GB 50763。

6.7 指示设施

6.7.2 修订条文。明确了指示标志的相关设置要求。《陆上公共客运服务标志》DB31/T 517已于2018年3月16日废止，因此取消引用。

7 安装工程要求

7.0.1～7.0.8 修订条文。站牌的材料、质量、安装工艺应符合安全、环保、美观、整洁的要求，故需根据相关技术规范进行操作。同时，对材质不作强制性规定，有利于促进先进、环保材料的使用。本章中，2012 年版标准引用的规范标准大部分已更新，因此条文也作了相应更新调整。

附录A　建筑工程配置出租汽车站点泊位最低要求

A.0.1～A.0.8　修订条文。建筑项目分类参照行业标准《建设项目交通影响评价技术指标》CJJ/T 141—2010，选取了其中的住宅、商业、办公、服务、场馆与园林、医疗、学校和交通场站8个大类，基本包含城市内绝大多数有需要设置出租汽车站点的建筑项目类型。结合第4章各不同业态启动设置出租汽车站点的面积阈值，在表格中补充界定了可不设置出租汽车站点的情况，并结合不同业态建筑面积的变化，新增了对应多个不同面积范围的出租汽车站点泊位指标要求。受用地等相关条件限制，无法满足设置出租汽车泊位指标要求时，应进行出租汽车泊位需求专项论证。

A.0.9　调整原条文表述。考虑综合性建筑各功能区域出租车候客的客流和高峰时段不同，可错峰共享候客泊位，泊位规模经需求专项论证后，可适当下降。

A.0.10　本标准中涉及的场所为一般的场所，而对于特殊大型建设项目（如机场、火车站等），其需求与一般场所存在较大差异，因此其出租汽车站点泊位按照交通专项规划相关要求设置，故本标准中对需进行交通专项规划的场所所需配置的出租汽车站点泊位数量未作量化规定。